BEI GRIN MACHT SICH IHR WISSEN BEZAHLT

- Wir veröffentlichen Ihre Hausarbeit,
  Bachelor- und Masterarbeit

- Ihr eigenes eBook und Buch -
  weltweit in allen wichtigen Shops

- Verdienen Sie an jedem Verkauf

Jetzt bei www.GRIN.com hochladen
und kostenlos publizieren

Bibliografische Information der Deutschen Nationalbibliothek:

Die Deutsche Bibliothek verzeichnet diese Publikation in der Deutschen National-
bibliografie; detaillierte bibliografische Daten sind im Internet über http://dnb.d-
nb.de/ abrufbar.

Impressum:

Copyright © 2009 GRIN Verlag, Open Publishing GmbH
Druck und Bindung: Books on Demand GmbH, Norderstedt Germany
ISBN: 9783640490899

Dieses Buch bei GRIN:

http://www.grin.com/de/e-book/139144/mtv-unplugged

Andy Blum

MTV Unplugged

Suche nach dem „Echten" an drei exemplarischen Konzertbeispielen

GRIN Verlag

GRIN - Your knowledge has value

Der GRIN Verlag publiziert seit 1998 wissenschaftliche Arbeiten von Studenten, Hochschullehrern und anderen Akademikern als eBook und gedrucktes Buch. Die Verlagswebsite www.grin.com ist die ideale Plattform zur Veröffentlichung von Hausarbeiten, Abschlussarbeiten, wissenschaftlichen Aufsätzen, Dissertationen und Fachbüchern.

Besuchen Sie uns im Internet:

http://www.grin.com/

http://www.facebook.com/grincom

http://www.twitter.com/grin_com

Erstellt für:
Justus Liebig Universität Gießen
FB03: Institut für Musikwissenschaften
Seminar: Nothing is Real
– Die Konstruktion von Authentizität in der populären Musik
Sommersemester 2009

MTV Unplugged

Suche nach dem „Echten" an drei exemplarischen Konzertbeispielen

ausgearbeitet von:
Andy Blum

Inhaltsverzeichnis

1. Einführung

Als der Musiksender MTV in den USA am 1. August 1981 auf Sendung ging, brach ein neues Zeitalter der Vermittlung und Rezeption an. Bereits das erste dort ausgestrahlte Video der Buggles „VIDEO KILLED THE RADIO STAR" verwies auf einen Trend, der die visuelle Komponente des Musikmachens stark in den Vordergrund hebt. Das Musikvideo wurde zum Aushängeschild eines Musikers, und MTV trug dieses in die Häuser von immer mehr Nationen. 2001 erreichte der Sender etwa 340 Millionen Haushalte weltweit und etablierte sich als größter TV Sender der Welt.[1]

Jordon Shur, Präsident von Geffen Records, fasst die Arbeit des Senders sehr prägnant zusammen, indem er MTV ein gutes Verständnis der Künstler und ihrer Ideen attestiert. Der Sender präsentiert die Künstler, wie sie präsentiert werden wollen.[2] Dieser Umstand führt unmittelbar in den Diskurs um die Konstruktion von Authentizität, dem diese Arbeit gewidmet ist. Kann man bei medialer Vermittlung eines Gegenstands im Rahmen einer inszenierten Veranstaltung noch davon sprechen, dass dieser Gegenstand einen Echtheitswert besitzt? Ist der Charakter eines Künstlers, der auf einer Bühne steht, identisch mit der Person, die hinter dahinter steckt?

Im Folgenden wird die Konzertreihe MTV Unplugged genauer betrachtet um dem Umstand nachzugehen, inwieweit die Darstellung der Musik auf scheinbar unverstärktem Weg mit der sonstigen Liveperformance des jeweiligen Künstlers zu vereinbaren ist. Im ersten Teil muss jedoch zunächst ein Grundverständnis geschaffen werden, wovon gesprochen wird, wenn der Begriff Authentizität fällt. Diese Definition darf in keinem Fall ihren zeitlichen Bezug verlieren, was eine Verortung in der Musikgeschichte ebenfalls unabdinglich macht.

2. Was verstehen wir unter Authentizität?

Ein paar Attribute können dem Begriff der Authentizität in ihrem Verhältnis zur handgemachten Musik zugesprochen werden. So würde sicher jeder zustimmen, dass derjenige authentisch ist, der direkt und ehrlich ist, sich nicht durch die Aussicht kommerziellen Erfolgs korrumpieren lässt und sich selbst stets treu bleibt.[3] In diesem Zusammenhang wird bereits deutlich, dass eine gewisse Unvereinbarkeit zwischen Authentizität und Mainstream herrscht. Derjenige, der sich selbst verkauft, ist nicht echt,

---

[1] vgl. Hay, Carla: Billboard Salutes Twenty Years of MTV. In: Billboard – The International Newsweekly of Music, Video and Home Entertainment 113:30 vom 28. Juli 2001, S. 52-70

[2] ebd.

[3] vgl. Keightley, Keir: Reconsidering Rock. In: Frith, Simon/ Straw, Will/ Street, John: The Cambridge Companion to Pop and Rock, Cambridge University Press 2001, S.131

derjenige, der durch seine authentische Art zu Erfolg kommt, hat diesen auch verdient.[4] Synthetik und der Einsatz von Technik nehmen der Musik in dieser Ansicht ihren menschlichen, individuellen Charakter.[5] Authentizität definiert sich dabei immer über den Gegenstand als Ganzes. Alles, was den Künstler auszeichnet, was er tut und wie er sich gibt, fällt in die Betrachtung hinein.[6] Dabei kann die Zuschreibung als Distinktionsmerkmal verstanden werden, mit dem der Fan „seinen Künstler" vor anderen positiv hervorhebt.[7]

Geht der Blick näher ins Detail, lassen sich zwei grundsätzliche Definitionen von Authentizität in der Geschichte der Musik finden, die sich in den 1960er Jahren zum einen in England und zum anderen in den USA entwickelten und in der Tradition der Romantik (im Fall USA) und der Moderne (England) stehen.

Nach der romantischen Definition, die originär im Folk zu finden ist, hebt sich der Künstler wenig von seinem Publikum ab. Er erhält seine Glaubhaftigkeit durch die Nähe zum Publikum. Er ist einfach gesprochen einer von ihnen. Stil und Person bilden eine Einheit, sowie die Fanbase ebenfalls eine homogene Masse ist. Im besten Fall entspricht der Künstler dem Stereotyp der Musikrichtung (im Rap bspw. dunkle Hautfarbe). Die Musik ist nicht unnötig kompliziert und beschränkt sich auf das notwendige um die Aussage des Künstlers nicht zu verblenden. Dies beinhaltet auch den Verzicht auf aufwendige Effekte oder präzise Abmischung.[8]

Für die moderne Authentizität ist der Egozentrismus ein bezeichnendes Merkmal. Der Künstler macht sozusagen Kunst um der Kunst willen und verschreibt sich nur der Suche nach völliger Entfaltung. Hierzu gehört, dass er sich bewusst von seinem Publikum abgrenzt, seine Wünsche ignoriert und unabhängig das tut, was er selbst möchte. Ist dieser Individualitätsgedanke konsequent spürbar, wird auch dieser Stil als echt und glaubhaft empfunden.[9]

Für die Rockmusik stellt Keir Keightley eine Gegenüberstellung von Eigenschaften auf, welche die Differenzierung der beiden Begriffe in kurzer Form anschaulich darstellt:[10]

---

[4] vgl. Keightley 2001, S. 132
[5] vgl. Keightley 2001, S. 133
[6] vgl. von Appen, Ralf: Der Wert der Musik. Zur Ästhetik des Populären, transcript Verlag Bielefeld 2007, S. 115
[7] vgl. Appen 2007, S. 118
[8] vgl. Appen 2007, S. 122ff
[9] vgl. Appen 2007, S. 119f
[10] vgl. Keightley 2001, S. 137 (frei übersetzt)

Romantische Authentizität	Moderne Authentizität
Verbundenheit zu den eigenen Wurzeln	Experimentierverhalten und Fortschrittsgedanke
Gemeinschaftssinn/Volksnähe	Narzissmus/elitäre Haltung
Glaube an einen festen Rocksound	Offenheit gegenüber dem Klang
Einflüsse aus Folk, Blues, Country und Rock'n'Roll	Einflüsse aus Klassik, Art Music, Soul und Pop
geradlinige Stilveränderungen	radikale, plötzliche Veränderungen
Ehrlichkeit, Direktheit	Ironie, Sarkasmus
‚Live'-Gefühl	‚Aufnahme'-Gefühl
Verbergen von Technik	Feiern von Technik

Für die heutige Zeit kann noch eine neue, postmoderne Kategorie erschlossen werden, die sich jedoch nur in der Form von den vorgestellten Definitionen unterscheidet, als dass es weniger um den Künstler selbst, als um die von ihm geschaffene Kunstfigur – also eine konkrete Konstruktion – geht, die idealisiert wird. Der konsequente Umgang mit der Konstruiertheit dieser Figur erzeugt ebenfalls einen Grad an Echtheit. In ironisierter Weise kann hier von der Echtheit des Unechten gesprochen werden.[11]

3. Der zeitgeschichtliche Kontext – Die 1990er

Die 1990er erwiesen sich als schwere Zeiten für den Absatz von Live-Tonträgern. Nicht einmal Künstler, die in den 1970ern und 80ern mit ihren Konzertaufnahmen große Verkaufszahlen verzeichnen konnten, können noch Erfolge erzielen. So schaffte es zum Beispiel der Live-Soundtrack des Woodstock-Festivals 1994 nicht einmal in die Top 50, wobei der Mitschnitt von 1969 sich vier Monate in den Billboard Top 10 halten konnte.[12] Die Liste der Vergleiche kann beliebig fortgesetzt werden. Die Gründe für dieses Phänomen sind vielschichtig. Es kann argumentiert werden, dass MTV eine Mitschuld trägt, da der Sender das Live-Erlebnis durch die ständige mediale Präsenz der Stars und der Wiederholung von Konzerten abwertet.[13] Die globale, mediale Verbreitung von Bands und das Erschließen möglichst breiter Fansektoren bedingt zudem ein Abfallen des Publikumsbezugs, was gerade in der romantischen Theorie mit einer Inauthentisierung einher geht.[14] Das Erlebnis, selbst dabei zu sein, und die Ereignisse des Konzertes werden dadurch weniger einzigartig. Ein anderer Grund kann darin gefunden werden, dass die technische Nachbearbeitung eines

[11] vgl. Appen 2007, S. 127
[12] vgl. Boehlert, Eric: Life Stiffs. In: Rolling Stone 727 vom 8. Februar 1996, S. 17
[13] ebd.
[14] vgl. Keightley 2001, S. 133

Konzerts den individuellen Charakter des Ereignisses vernichtet.[15] Eventuelle Spielfehler, Zwischenrufe und Kommentare können digital retuschiert werden. Die Verkaufszahlen sprechen in jedem Fall eindeutig für ein abfallendes Interesse an Live-Alben.

Auch schreitet in den 90ern die Disko Bewegung weiter fort und die Konstruktion von Karrieren in Form von Boy- und Girl-Bands etabliert sich. Der Umstand, wer der Künstler hinter der Darbietung ist, gerät immer weiter aus dem Fokus. Beispiele wie Milli Vanilli, New Kids on the Block oder Ace of Base unterstützen diese These. Die 90er übernehmen und perfektionieren in der Tradition ihres Vorjahrzehnts eine „Ästhetik des Synthetischen"[16], welche auf Grund mangelnder Echtheitserwartung sogar gänzlich von der Musikwissenschaft ignoriert wird.[17]

4. Die Idee hinter ‚MTV Unplugged'

Alex Coletti, Supervising Producer von MTV Unplugged beschreibt in einem Presseartikel den Kerngedanken hinter der von Robert Small und Jim Burns im Jahre 1989 entwickelten Show mit einfachen Worten: „It was the whole Milli Vanilli time when you didn't know who was making the music, who was real and who wasn't. Se we did it for us to be credible."[18] Es ging demnach bereits in der Entwicklungsphase darum, eine Plattform zu erschaffen, auf der „echte" Künstler sich präsentieren können. Die Methode, in der dies geschieht, beschreibt MTV selbst als „ultimative strip-down-to-the-core"[19], was eine Neuinterpretation der Songs in einem intimen, akustischen Arrangement bedeutet, in dem das Publikum eine starke Nähe zu den Künstlern verspüren soll.[20] Erzielt wird diese Nähe durch das Aufführen in kleinen Räumlichkeiten, in denen das Publikum traditionell kreisförmig um die Künstler sitzt. Verstärker werden entfernt bzw. versteckt, auf Effekte wird verzichtet. Jede unnötige Form von Technik wird vor den Augen des Zuschauers verborgen, was ein Gefühl von unmittelbarem Dabeisein im Schaffungsprozess der Musik simuliert.[21] MTV findet mit dieser Idee Anschluss an die sich zeitgleich etablierende Grundhaltung des Grunge. Hier wird in beiden Fällen klar auf die Suche nach romantischer Authentizität hingewiesen.[22]

---

[15] ebd.
[16] zit. nach: Wicke, Peter: Rockmusik. Zur Ästhetik und Soziologie eines Massenmediums, Reclam Verlag Leipzig 1987
[17] vgl. Appen 2007, S. 41
[18] zit. nach: Newman, Melinda: MTV's ‚Unplugged' transplanted globally. In: Billboard – The International Newsweekly of Music, Video and Home Entertainment 109:40 vom 4. Oktober 1997, S. 73
[19] zit. nach: www.mtv.com/music/unplugged/ [Stand: 13. Juni 2009]
[20] ebd.
[21] vgl. Keightley 2001, S. 135
[22] vgl. Appen 2007, S. 127f

Die Idee der Rückführung zu einem verloren geglaubten Echtheitsbegriff wurde vom Publikum dankend empfangen, was zum einen an den respektablen Verkaufszahlen der Unplugged Alben (bspw. Eric Clapton: 7 Millionen Exemplare; Nirvana: 5 Millionen Exemplare) und zum anderen an der andauernden Fortführung der Sendereihe zu erkennen ist.[23] Melinda Newman bezeichnet MTV Unplugged sogar als „MTV's signature program around the world."[24]

Es gilt nun herauszufinden, inwieweit dieses vorgeschlagene Authentizitätskonzept von den Künstlern angewendet wurde und wie sich dieses mit der eigentlichen Präsentation des Künstlers deckt.

5. Die Suche nach dem Authentischen in den Unplugged-Konzerten

Es werden im Folgenden nun fünf Unplugged Konzerte näher betrachtet. Hierzu werden Videoaufzeichnungen von Unplugged Darbietungen mit „normalen" Live Performances und Studioaufnahmen der jeweiligen Künstler verglichen. Die Analyse folgt dabei diesen Leitfragen:

1. Wofür ist der Künstler/die Band bekannt?

2. Beschreibung des Unplugged-Konzerts.

3. In welcher Art und Weise differiert die Unplugged-Darbietung vom gewohnten Stil des Künstlers/der Band?

4. Welche Authentizitätskonzepte können für den Künstler angewandt werden?

Mit Hilfe dieser Fragen soll es möglich sein, eine punktuelle Bilanz zu ziehen, ob MTV Unplugged dem Vorhaben seiner Entwickler gerecht wird oder in welche Richtung die Künstler ihre Idee des Unplugged verwirklichen.

5.1. The Cure – 1991

In einer kurzen Zusammenfassung all dem gerecht zu werden, was *The Cure* tatsächlich ausmacht, ist schwierig, da sich diese Band seit ihrer Gründung 1976 (als *Easy Cure*) in einem stetigen Wandel befindet. Während sich Lieder wie „BOYS DON'T CRY" oder „LET'S GO TO BED" eher im Bereich des Pop einordnen lassen, fallen andere wie „CATERPILLAR" oder „IF ONLY TONIGHT WE COULD SLEEP" viel mehr in dunkle Bereiche wie Psychedelic und New Wave. Robert Smith, das einzige über die Zeit

---

[23] Die Zahl der aufgezeichneten Unplugged-Konzerte beläuft sich bis heute auf etwa 50 (vgl. www.wikipedia.de) genaue Zahlen konnten nicht gefunden werden, da Unplugged ebenfalls auf nationaler Ebene durchgeführt wird.
[24] vgl. Newman 1997, S. 73

verbliebene Mitglied der Band ist seinerseits maßgeblich für die Songs von *The Cure* verantwortlich. Für den hier betrachteten Bereich, die ausgehenden 80er bzw. Anfänge der 90er wird der Stil der Band als nachdenklich, düster und grübelnd klassifiziert, was sie durchaus für ein Unplugged nach romantischer Idee prädestiniert.[25] Auch verweist die Verbindung von *The Cure* und der Gothic Bewegung in den 1980er Jahren auf eine romantische Weltsicht.

Das Unplugged-Konzert ist eines der ersten, die von MTV inszeniert wurden, und dürfte somit sehr nah am Idealbild der Entwickler liegen, wie sich diese Veranstaltung gestalten sollte. Die Bühne wirkt eher klein, die gesamte Band sitzt auf einer leichten Erhöhung, die mit Kissen, Decken und Kerzen ausstaffiert ist. Es ist ausschließlich die Besetzung, die auch bei sonstigen Auftritten auf der Bühne ist, welche die akustische Umsetzung ihrer Lieder präsentiert, wobei das Keyboard gegen ein Xylophon und ein Cembalo, das Schlagzeug gegen zwei Bongos und diverse andere Perkussionsmittel eingetauscht wurde. Das Publikum sitzt in unmittelbarer Nähe im Halbkreis um die Szenerie, nirgends sind Verstärker zu sehen oder Verzerrer zu hören, einzig ein Mikrofon vor Robert Smith und kleine Abnahmestative vor den Gitarren lassen den Einsatz von Technik erahnen. Die Arrangements haben sich wenig gegenüber den Studioaufnahmen verändert. Es kann also nicht von einer markanten Umstrukturierung der Songs für die Präsentation im Unplugged-Format gesprochen werden.

Die Vorstöße der Band in den Bereich des Pop und der Diskomusik können schwer in das sonstige Konzept der präsentierten Authentizität sortiert werden. Was jedoch durchweg festzustellen ist, ist eine Verbindung mit einer festen Zielgruppe (den Punks, Gothic, „everyone that had issues"[26]). Robert Smith wirkt in seiner gesamten Erscheinung – obschon er geschminkt und gestylt ist – aufrichtig und ehrlich, seine Texte zeigen eine Öffnung seiner Person. Die Musik brilliert nicht durch technisches Können und ist, wie auch das MTV-Unplugged beweist, mit einem kleinen Aufwand zu produzieren. Es ist also im Kern unstrittig, dass die Tendenzen hier eindeutig hinführen zu einem romantischen Authentizitätskonzept.

5.2. Bjork – 1994

Die isländische Sängerin *Bjork* entwickelte mit Beginn ihrer Solokarriere 1993 ihren sehr eigenen Stil, der schwerlich einem Genre zuzuordnen ist. Kevin Pruce, Bjorks FOH-Soundman beschreibt sie folgendermaßen: „She's not standard, and she's never been

---

[25] vgl. Hendrickson, Matt: The „Rolling Stone" Review: Reissues & Anthologies – Lipstick Traces. In: Rolling Stone 942 vom 19. Februar 2004, S. 72
[26] ebd.

standard, so you have to think outside the box."[27] *Bjork* ist eine Künstlerin, die sehr viel Wert auf den richtigen Klang legt und fortwährend auf der Suche nach Möglichkeiten ist, ihre Musik richtig zu präsentieren. Dies bedingt auch ein Experimentieren mit verschiedenen Technologien und Instrumenten. Pruce erwähnt in diesem Zusammenhang, dass es unmöglich sei, ein Konzert von ihr ohne digitale Tontechnik zu veranstalten. Zum einen liegt hier demnach bereits eine starke Fixierung auf Technik und technische Hilfsmittel, zum anderen haben *Bjork* in ihrer Bühnenpräsenz und ihre Auftritte meist einen sehr artifiziellen Charakter, der sich von der Alltagswelt abhebt.[28] Dennoch behält *Bjork* eine immer präsente Verbindung zur Natur, die sich auch in ihren meist vieldeutigen Songtexten widerspiegelt. Die Beweggründe ihres Schaffens beschreibt Pruce als ihr Nahestehender so: „And she's not doing it for commercial reasons; she's not out making conventional albums that will sell millions. It's about trying to get an idea out there."[29]

Das Unplugged-Konzert von ihr findet in einer kleinen Halle statt. Das Publikum ist an den Wänden platziert mit einigen Metern Abstand zur Künstlerin, welche sich in Mitte auf einer weißen, x-förmigen Bühne bewegt. *Bjork* trägt keine auffällige Schminke und ist mit einem einfachen, gelben Kleid bekleidet. Die zahlreichen Instrumentalisten befinden sich neben der eigentlichen Bühne in vier weniger beleuchteten Bereichen. Zwischen den Songs wechselt die Instrumentierung manchmal vollständig. Zu den prägnantesten Instrumenten gehören Tabla, Kontrabass, Glasharmonika, Orgel sowie verschiedene Holz- und Blechbläser. Somit ist die komplette Begleitung zu *Bjorks* Gesang unverzerrt scheinbar unverstärkt inszeniert, was einige Songs, wie „VIOLENTLY HAPPY" durch einen erhöhten Fokus auf den Gesang noch emotionaler gestaltet.

Gerade mit Rückblick auf die erwähnte Suche nach der bestmöglichen Präsentation ihrer Idee ist die Umsetzung des Unplugged-Konzerts in keiner Weise ein Wiederspruch zu ihrer sonstigen Bühnenpräsenz, da sie auch bei vielen anderen Konzerten schon mit verschiedensten Instrumenten im Hintergrund aufgetreten ist. Nimmt man Keightleys Tabelle aus Abschnitt 2 zu Hilfe, fällt *Bjork* im Gesamtbild zu weiten Teilen in das moderne Authentizitätsbild. Experimentierfreude, ihre auch im Unplugged präsentierte Distanz zu anderen Menschen (durch großen Abstand zum Publikum und keinen direkten Kontakt), die Einflüsse aus Klassik, Jazz und Pop, ihre Lust an Veränderungen sowie ihre symbolischen, oft schwer verständlichen Texte sind Indizien einer konstanten Fixierung auf moderner Authentizität.

---

[27] zit. nach Weiss, David: Live Mix: Bjork. In: Mix 31:7 vom Juli 2007, S.78
[28] vgl. hierzu: Gensler, Andy: Live!: Bjork. In: Rolling Stone 932 vom 2. Oktober 2003, S. 130
[29] zit. nach Weiss 2007, S.80

5.3. Korn – 2007

Korn gelten als Mitbegründer der Stilrichtung des Nu-Metal. Die Musik zeichnet sich durch tiefe, verzerrte Gitarrenriffs, einen stark schnarrenden Bass und die Stimme des Frontmanns Jonathan Davis aus und kann in Konklusion als „hart" bezeichnet werden. Besonders Jugendliche wurden durch den handgemachten Charakter der Musik und die Offenheit in den Songtexten, mit denen Davis mit seiner eigenen Vergangenheit abrechnete, angesprochen. Jedoch sind die Absatzzahlen der Alben zur Zeit des Unplugged-Konzerts konsequent rückläufig. Ab 2005 begann *Korn* durch eine neue Vertragsregelung damit, ihren sonst bekannten Sound immer weiter zu verändern und entwickelte ein Experimentierverhalten, aus dem auch Singleauskopplungen wie „TWISTED TRANSISTOR" entsprangen, die sehr viel elektronischer und synthetischer klingt als Titel der vorherigen Alben.[30] Das Fortsetzen dessen, womit *Korn* ursprünglich bekannt war – nämlich harte, handgemachte Musik – wurde folglich schon vor dem Unplugged-Konzert, mitunter durch den Ausstieg von Schlagzeuger und Gitarrist durch die Fanbase in Frage gestellt.[31] Gleichzeitige Bekanntheit erhält Korn durch ein reichhaltiges Merchandisesortiment, was *Korn* zudem als Markennamen relevant macht.[32]

Das Unplugged Setting wirkt klein, die Zuschauer befinden sich frontal direkt vor der Bühne. Zu den drei übrigen Kornmitgliedern (Gesang, Bass, Gitarre) befinden sich ein aus Bongos, Congas und ähnlichem zusammen gestelltes Schlagzeug, Backgroundgesang, eine zusätzliche Gitarre, ein Streichorchester, ein Piano und mehrere Perkussionsinstrumente, wobei die Gesichter der zusätzlichen Instrumentalisten durch Masken unkenntlich gemacht sind. Der Fokus liegt auf den tatsächlichen Bandmitgliedern, welche im Vordergrund auf Barhockern sitzen. Das Licht ist gedämmt, wobei überall Scheinwerferkegel in verschiedenen Farben zu sehen sind. Jonathan Davis adressiert das Publikum während des Konzerts direkt mit Eingeständnissen wie: „This is the most talking I have ever done in my whole career." Die Songs sind überwiegend neu arrangiert und klingen allgemein sehr viel seichter. So geht die Kritik des Billboard Magazin vom 10. März 2007 sogar dahin, die Band bei diesem Auftritt als familientauglich zu bezeichnen und nennt Veränderung, wie die Umsetzung des ansonsten sehr aggressiven „BLIND" in einen Flamenco-Song mit deutlich negativem Unterton „mutig". Zugegeben fehlt der Musik während des Unplugged-Konzerts der gewohnte Druck, der bei Fans dieses Genres die gewollte Bewegungsmotivation herbeiführt, was im

---

[30] der neue Vertrag erlaubte es der Band durch eine enorme Vorauszahlung auf breitem Feld neue Kunden anzuwerben, ohne unter dem Druck zu stehen unmittelbar neue Alben zu veröffentlichen.
[31] vgl. Amazon Kritiken der Alben ab See You On The Other Side (2005)
[32] vgl. Martens 2007, S. 21ff

Gesamtblick den normalen, alten Kornfan eher abschrecken wird. Ungewöhnlich für das Unplugged Format ist, dass während des Konzerts bewusst zwei Gastauftritte von Amy Lee (*Evanescence*) und Robert Smith (*The Cure*) stattfinden, die im Gegensatz zu den anderen nicht zur eigentlichen Band gehörenden Instrumentalisten nicht maskiert sind.

Ursprünglich romantisch authentisch, ist *Korn* seit 2005 eher schwer in eine Kategorie einzuordnen. Nicht das Unplugged-Konzert an sich, sondern vielmehr sämtliche zeitliche Umstände bedingen den Verfall vieler Elemente romantischer Authentizität, die zuvor bei Korn als erfüllt gesehen werden konnten. Der Wegfall der Verzerrer oder wenigstens der elektrischen Gitarren ist ein klarer Bruch mit ihren Nu-Metal-Wurzeln. Das Verwenden klassischer Instrumente ist eher ein Indiz modernen Verständnisses, ebenso wie die radikale Veränderung hin zum Akustikset. Mit diesen Veränderungen konfrontiert ist es prinzipiell unmöglich eine klare Einordnung vorzunehmen. Hinzufügend kann der Umstand erwähnt werden, dass die Kommerzialität der Band durch das Vertreiben eines großen Sortiments an Fanartikeln und das Erschließen immer weiterer Publikumssektoren offene Tatsachen in der Bandgeschichte sind, welche die Frage nach der Authentizität generell rechtfertigen können.

6. Fazit

Mit den drei Beispielen *The Cure*, *Bjork* und *Korn* wurden drei grundverschiedene Authentizitätsvorstellungen herausgegriffen. Eindeutig an den romantischen Ideen von Robert Small und Jim Burns orientiert erfüllen *The Cure* den Wunsch nach der ursprünglichen Rockauthentizität. Ihr Konzert ist stellvertretend für die Anfangszeit des Unplugged-Konzerts und kann ebenfalls durch die Auftritte von *Nirvana* (1993) oder *Pearl Jam* (1992) ersetzt werden. Das gesamte Flair ist geprägt von einer intimen Verbundenheit zwischen Band und Publikum. *Bjork* hingegen vertritt einen modernen Standpunkt und zeigt in konsequenter Weise ihre Experimentierfreude. Auch behält sie sich vor, nicht in zu engen Kontakt mit dem Publikum zu treten wirkt durchweg mit sich selbst beschäftigt. Gleichzeitig steht sie, obschon aus der isländischen Punkbewegung kommend, mit ihrer Solokarriere nicht in einer Rocktradition. Dementsprechend besteht keine Verpflichtung einem romantischen Ideal nachzustreben. Korn erweckt gerechtfertigte Zweifel an der Authentizität an sich, da sie sich - ohnehin im Umwandlungsprozess befindend – durch Versuche mit elektronischer Musik und Neubesetzung von ihren einstigen Fans distanzieren. Der Stil wurde verändert, oder, schlecht gesagt, ging verloren, sodass die einstigen Nu-Metal Veteranen als Fragment ihrer einstigen Zusammensetzung im Laufe der Zeit erst vollkommen neu bewertet werden. Dies fällt allerdings gerade im Hinblick auf die Verbindung des Namens Korn mit harter Rockmusik sehr schwer. Das Lager der Fans, welche sich für die Authentizität eines Künstlers aussprechen, ist gespalten. Damit bleibt die Frage nach Echtheit in diesem Fall offen. Im Ganzen kann dem Format MTV-Unplugged jedoch kein verzerrendes Moment attestiert werden, in dem Sinne, als das die Künstler hier völlig anders dargestellt werden. In den drei ausgewählten Fällen reflektiert das Unplugged-Konzert und die dort vermittelte Authentizität in hohem Maße die zeitliche Situation der Band/des Künstlers allgemein. Man könnte es bei nur drei Stichproben auf einen Zufall schieben, jedoch muss in diesem Fall der Schlusssatz lauten: MTV-Unplugged ermöglicht (eben diesen drei) Künstlern, sich so zu präsentieren, wie sie ohnehin gesehen werden wollen und von ihren Fans bereits akzeptiert werden (oder im Fall Korn eben genau nicht akzeptiert werden).

7. Quellen

7.1. Literatur

- Keightley, Keir: Reconsidering Rock. In: Frith, Simon/ Straw, Will/ Street, John: The Cambridge Companion to Pop and Rock, Cambridge University Press 2001, S. 109-142
- von Appen, Ralf: Der Wert der Musik. Zur Ästhetik des Populären, transcript Verlag Bielefeld 2007
- Wicke, Peter: Rockmusik. Zur Ästhetik und Soziologie eines Massenmediums, Reclam Verlag Leipzig 1987

7.2. Zeitschriften

- Boehlert, Eric: Life Stiffs. In: Rolling Stone 727 vom 8. Februar 1996, S.17
- Gensler, Andy: Live!: Bjork. In: Rolling Stone 932 vom 2. Oktober 2003, S. 130
- Hay, Carla: Billboard Salutes Twenty Years of MTV. In: Billboard – The International Newsweekly of Music, Video and Home Entertainment 113:30 vom 28. Juli 2001, S. 52-70
- Hendrickson, Matt: The „Rolling Stone" Review: Reissues & Anthologies – Lipstick Traces. In: Rolling Stone 942 vom 19. Februar 2004, S. 72
- Martens, Todd: Back on Top [Korn]. In: Billboard – The International Newsweekly of Music, Video and Home Entertainment 119:23 vom 9. Juni 2007, S. 21-23
- Newman, Melinda: MTV's ‚Unplugged' transplanted globally. In: Billboard – The International Newsweekly of Music, Video and Home Entertainment 109:40 vom 4. Oktober 1997, S. 73
- Weiss, David: Live Mix: Bjork. In: Mix 31:7 vom Juli 2007, S.78-80

7.3. Internetquellen

- www.amazon.de [Stand: 13. Juni 2009]
- www.mtv.com/music/unplugged/ [Stand: 13. Juni 2009]

BEI GRIN MACHT SICH IHR
WISSEN BEZAHLT

- Wir veröffentlichen Ihre Hausarbeit,
  Bachelor- und Masterarbeit

- Ihr eigenes eBook und Buch -
  weltweit in allen wichtigen Shops

- Verdienen Sie an jedem Verkauf

Jetzt bei www.GRIN.com hochladen
und kostenlos publizieren